残疾人青壮年扫盲教材

阶梯启明

邱 强 主 编
董凤霞 副主编

JIETI
QIMING

化学工业出版社

·北京·

《阶梯启明》共分十个单元，介绍了识字入门、生活数学、社会科学、自我认知、认识物品、与人交往、生活与休闲、农业知识、自然常识及生活常识。

本书结合教学实践经验编写，以"适用、实用"为原则，被北京市残疾人联合会采用，作为全市残疾人青壮年扫盲教材，供各区县残疾人联合会开展扫盲工作参考，同时可供扫盲自学使用。

图书在版编目（CIP）数据

阶梯启明/邱强主编. —北京：化学工业出版社，2018.11（2020.10重印）
残疾人青壮年扫盲教材
ISBN 978-7-122-33225-7

Ⅰ. ①阶⋯　Ⅱ. ①邱⋯　Ⅲ. ①扫盲-教材　Ⅳ. ①G722.4

中国版本图书馆CIP数据核字（2018）第243861号

责任编辑：章梦婕　李植峰　　　　　　装帧设计：史利平
责任校对：边　涛

出版发行：化学工业出版社（北京市东城区青年湖南街13号　邮政编码100011）
印　　装：北京宝隆世纪印刷有限公司
710mm×1000mm　1/16　印张13½　字数153千字　2020年10月北京第1版第5次印刷

购书咨询：010-64518888　　售后服务：010-64518899
网　　址：http://www.cip.com.cn

凡购买本书，如有缺损质量问题，本社销售中心负责调换。

定　价：49.80元　　　　　　　　　　　　　　　　版权所有　违者必究

北京市农业广播电视学校房山区分校
《阶梯启明》编审委员会

顾　问：顾成强　　杨泰峰　　赵东升

编　委：隗福状　　隗永博　　徐兰珍　　闫立成

　　　　潘素云　　贾国华　　邱　强　　董凤霞

　　　　杨月娟　　张明利　　王林春　　隗立东

　　　　张　玉　　吴文华　　刘海燕　　王　莉

　　　　李　杰　　魏　伟　　苏　倩

北京市农业广播电视学校房山区分校
《阶梯启明》编写人员

主　编：邱　强

副主编：董凤霞

编　者：邱　强　董凤霞　张　玉　吴文华

　　　　李　杰　王　莉　王春艳　魏　伟

　　　　陈　平　王春燕　杨月娟　张明利

前 言

《阶梯启明》由北京市农业广播电视学校房山区分校编写，该书紧紧围绕《中国残疾人事业"十二五"发展纲要》和《残疾人教育工作"十二五"实施方案》的要求，遵循成年残疾人士身心发展规律及残疾人士的教育、生活需求，坚持"以人为本""科学发展"的理念，面向15~50岁有接受教育能力和愿望的青壮年残疾人开展脱盲教育，鼓励50岁以上的文盲接受扫盲教育，使成年文盲率逐年下降，以适应当前不断发展的社会形势。

本书在编写过程中，结合教学实践经验，以"适用、实用"为原则，突出以下特点：坚持以满足残疾人基本学习需求为导向；坚持以提高残疾人实际生活水平、工作能力为目标；坚持以提高残疾人生活质量为宗旨，适合扫盲教育、阅读及参考。

本书共分十个单元，介绍了识字入门、生活数学、社会科学、自我认知、认识物品、与人交往、生活与休闲、农业知识、自然常识及生活常识。目前本教材已经被北京市残疾人联合会采用，作为全市残疾人青壮年扫盲教材，供各区县残疾人联合会（简称"残联"）开展扫盲工作参考，同时可供扫盲自学使用。

在本教材的编写过程中，得到了北京市残联、市教委有关专家、房山区残联、区特教中心及辽宁特殊教育师范高等专科学校李帛老师的关心和大力支持。李老师对教材的修改完善提出了宝贵意见，在此表示衷心感谢。

为完成本书的编写，编写组成员付出了巨大努力。但受时间和水平所限，书中难免会有一些疏漏与不足，我们真诚地期待广大读者朋友们提出宝贵的意见和建议！

北京市农业广播电视学校房山区分校

二〇一八年九月

目 录

第一单元　识字入门　　/ 001

第一课　基本笔画　　/ 001
第二课　笔顺规则　　/ 003
第三课　看图学说话　　/ 005
第四课　古代人物　　/ 008
第五课　自强不息　　/ 009

第二单元　生活数学　　/ 012

第一课　数的概念　　/ 012
第二课　时间概念　　/ 016
第三课　形状与方位　　/ 021

第三单元　社会科学　　/ 027

第一课　祖国　　/ 027
第二课　人民　　/ 037
第三课　民族　　/ 045
第四课　节日　　/ 052

第四单元　自我认知　　/ 059

第一课　认识五官　　/ 059
第二课　个人信息　　/ 065
第三课　工作环境　　/ 070
第四课　认识家人　　/ 075

第五单元	认识物品	/082
第一课	认识洗漱用具	/082
第二课	认识厨具	/087
第三课	认识电器	/091
第四课	认识家具	/099
第五课	认识文化用品	/104

第六单元	与人交往	/108
第一课	礼貌用语	/108
第二课	祝福语	/121
第三课	传统美德	/125

第七单元	生活与休闲	/131
第一课	社区	/131
第二课	无障碍设施、文体项目	/139
第三课	旅游	/153

第八单元	农业知识	/167
第一课	农作物	/167
第二课	果树和果实	/169
第三课	蔬菜	/173
第四课	家畜	/176
第五课	家禽	/180
第六课	宠物	/182

第九单元　自然常识　/185

第一课　认识自然与气象　/185
第二课　认识矿产　/190
第三课　认识颜色　/192
第四课　认识花草　/193

第十单元　生活常识　/197

第一课　卫生健康常识　/197
第二课　交通及安全　/200
第三课　常用电话号码　/203

参考文献　/205

第一单元 识字入门

第一课 基本笔画

héng 横 一	shù wān 竖弯 乚	héng zhé 横折 ㄱ	diǎn 点 、
shù wān gōu 竖弯钩 乚	piě 撇 丿	nà 捺 ㄟ	héng zhé wān gōu 横折弯钩 ㄟ
shù 竖 丨	shù gōu 竖钩 亅	héng zhé gōu 横折钩 ㄱ	shù zhé zhé gōu 竖折折钩 ㄣ
shù zhé 竖折 ㄴ	héng piě 横撇 ㄱ	tí 提 ㇀	xié gōu 斜钩 乚
héng zhé xié gōu 横折斜钩 ㄟ	héng gōu 横钩 ㄱ	piě zhé 撇折 ㄥ	wò gōu 卧钩 乚
piě diǎn 撇点 ㄥ	héng zhé tí 横折提 ㄣ	shù tí 竖提 ㄴ	héng piě wān gōu 横撇弯钩 ㄋ

笔画就是构成汉字的各种点和线。

一人大，二人天；日月明，小大尖；
土也地，鱼羊鲜，木子李，舌甘甜；
学习汉字真有趣，找到规律并不难。

头正身直，双足一平，字如其人，人如其字。

就 构 各 种 和 线 甘 寸 臣 言
页 尖 李 甜 找 到 规 律 并 目
平 字 双

 【练习】

1. 读一读

构成　汉字　有趣　找到　规律　字如其人

中国的汉字最初是从图画演变而来的。独体字是以笔画为直接单位构成的汉字，切分不开。独体字能够构成合体字。

2. 填空

木+子=（　　　）　　　小+大=（　　　）　　　舌+甘=（　　　）

（李、尖、甜）

3. 写一写

字			
目			
平			
远			

才			
寸			
从			
认			

第二课　笔顺规则

拼音	例字	第一画	第二画	第三画	总计
jí	及	丿	乃	及	3画
nǎi	乃	乃	乃		2画

第一单元　识字入门

先横后竖：十 王 干　　　　先撇后捺：人 八 入
从上到下：主 音 学 方　　　从左到右：推 现 代 杯
先外后里：同 司 凤 因　　　先外后里再封口：国 圆 园
先中间后两边：小 水 丞

顺 十 王 干 音 推 现 代 杯
同 凤 因 圆 承 博 精 深 古
悠 随 华

【练习】

1. 读一读

中华民族是文化博大精深的古老民族。悠悠五千年，一个个精巧的汉字，随着中华文明一路"走来"。

2. 填空

先横后竖的字：(　　)(　　)(　　)
先撇后捺的字：(　　)(　　)(　　)

（十、王、干，人、八、入）

3. 写一写

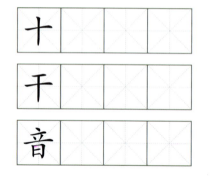
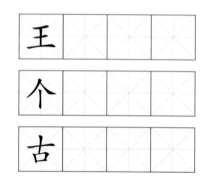

第三课　看图学说话

工厂

这是工厂的生产车间。

上班

上班时间，大家各自紧张地忙碌着。

禾苗

水稻田里绿绿的禾苗。

科学家

科学成果推动现代化农业向前发展。

学校

学校是知识的殿堂，是值得我们永远留恋的地方。

办公室

王老师在办公室里认真批改同学们的作业。

中央电视台

中央电视台已经成为北京的亮丽一景。

主持人

这是节目主持人。

厂 禾 野 处 都 苗 业 展 班 紧
张 着 校 办 室 殿 永 远 值 得
　 　 留 恋 认 批 改 作
　 　 已 为 著 这 闻 持

【练习】

1. 读一读

工厂　上班　禾苗　到处　农业　现代化　学校　办公室　永远　值得　留恋　我们　批改　需要

2. 填空

（　　　）时间，大家各自紧张地忙碌着。　　　　　　　　（上班）

（　　　）是知识的殿堂，是值得我们永远留恋的地方。　　（学校）

3. 写一写

到				处			
代				苗			
班				业			
厂				禾			
校				办			
远				认			
同				在			

第四课　古代人物

孔子

玉不琢，不成器；人不学，不知道。

孟子

得道多助，失道寡助。

庄子

天地与我并生，万物与我合一。

老子

千里之行，始于足下。

孔　孟　琢　失　寡　与　器　并　之　始

【练习】

1. 读一读

古代　人物　孔子　孟子　天地　万物　合一　千里　足下

孔子、孟子是儒家思想的代表人物；老子、庄子是道家思想的代表人物。

2. 写一写

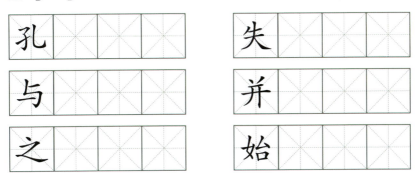

第五课　自强不息

他们靠自强不息的意志，登上了中央电视台春节联欢晚会的舞台。

学习可以让人强大！

我也可以走向世界！

我们什么都可以做，我们自强不息！

他们赢得了世界的尊重！

强 息 近 习 画 她 靠 志 登 央
联 欢 让 什 么 他 们 赢 我

【练习】

1. 读一读

亲切　握手　精彩人生　她们　他们　自强不息　中央　联欢晚会　舞台　强大　世界　我们

我们自强不息,创造精彩生活。

2. 写一写

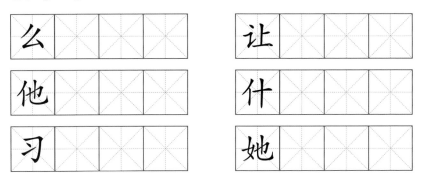

第二单元 生活数学

第一课　数的概念

阿拉伯数字	汉字
1	一
"1"像铅笔细又长	
2	二
"2"像小鸭水上漂	

续表

阿拉伯数字	汉字
3	三
"3"像耳朵听声音 🐘🐘🐘	
4	四
"4"像小旗随风摇 🐘🐘🐘🐘	
5	五
"5"像秤钩来卖菜 🐘🐘🐘🐘🐘	
6	六
"6"像豆芽咧嘴笑 🐘🐘🐘🐘🐘🐘	

续表

阿拉伯数字	汉字
7	七
"7"像镰刀割青草	
8	八
"8"像麻花拧一遭	
9	九
"9"像勺子能吃饭	
0	零
"0"像鸡蛋做蛋糕	

1 2 3 4 5 6 7 8 9 0

一 二 三 四 五 六 七 八 九 零

【练习】

1. 数一数

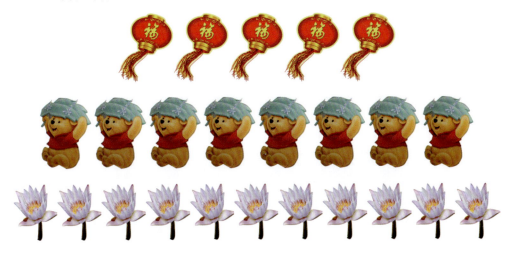

2. 连一连

1   4   8   9   6

九   一   六   四   八

3. 填空

(　　)像耳朵听声音。　　　　　　　　　　（3）

4. 写一写

第二课　时间概念

一、时段

1. 清晨

刚刚日出的时候，叫清晨。

2. 上午

上午，学生上学、工人上班、农民下地劳作。

3. 下午

有一些地方的人们习惯在下午吃些糕点、喝些热茶,叫"下午茶"。

4. 夜晚

夜晚的景色格外美丽。

二、时间

3:00
三点

7:00
七点

8:00
八点

9:00
九点

三、日历

生活中我们常用的日历有挂历、台历等。

一年有12个月,其中一月、三月、五月、七月、八月、十月、十二月有31天,四月、六月、九月、十一月有30天。只有二月最稀奇,平年有28天、闰年有29天。每隔四年闰一年。一年有52个星期,每个星期有7天。日历上,用红色表示节假日。另外,每日还有相对应的农历日。

四、四季

一年有春、夏、秋、冬四个季节。

春天

夏天

春天,万物复苏,小草、树木都发芽了,动物也都出来活动了。

夏天,植物的枝叶茂盛,蝉不停地在树上鸣叫。

秋天

冬天

秋天，大部分树叶枯黄了，纷纷落在地上。

冬天，天空飘着雪花，新年到了。

春　晓

唐·孟浩然

春眠不觉晓，处处闻啼鸟。

夜来风雨声，花落知多少。

清晨 上午 下 夜晚 挂历 钟
表点季天春夏秋冬

【练习】

1. 读一读

清晨　上午　下午　夜晚　钟表　台历　四季　春天　夏天　秋天　冬天

《春晓》是唐代诗人孟浩然的作品之一。

2. 填空

一年有（　　）个季节，有（　　）个月，有（　　）个星期，每个星期有（　　）天。

（4、12、52、7）

3. 写一写

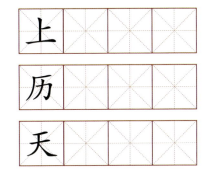

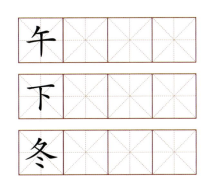

第三课　形状与方位

一、形状

1. 三角形

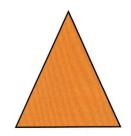

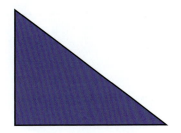

2. 长方形

3. 正方形

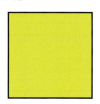

4. 圆形

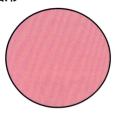

二、方位

1. 上与下

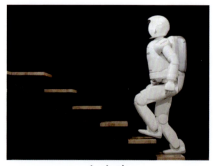

上台阶　　　　　　　　　　下台阶

2. 左与右

左　　　　　　　　右

撑着格子伞的人向右走。

拎着格子包的人向左走。

3. 里与外

外　　　　　　　　里

屋外　　　　　　　屋里

一位老年人在屋外坐着。

两位年轻人在屋里坐着。

4. 前与后

小明在玲玲的前面,玲玲在小明的后面。

5. 东、南、西、北、中

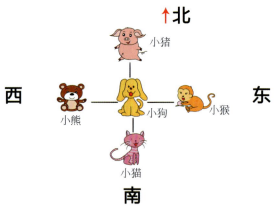

小狗在中间,小猪在小狗的北边,小熊在小狗的西边,小猴在小狗的东边,小猫在小狗的南边。

形 角 正 方 长 左 右 里 外 前 后
东 南 西 北 中

【练习】

1. 读一读

圆形　三角形　正方形　长方形　上下　左右　里外　前后　东南　西北　中上

2. 练一练

找出身边的三角形、圆形、长方形和正方形。

3. 看图回答

玲玲在张芳的（　　）面，张芳在玲玲的（　　）面。

（前、后）

4. 写一写

第三单元 社会科学

第一课 祖国

一、首都

首都，又称国都、首要城市或行政首府，通常是一个国家的政府所在地。

北京天安门

【练习】

1. 读一读

首都　天安门

中华人民共和国的首都是北京。

2. 填空

中华人民共和国的首都是（　　）。　　　　　（北京）

3. 写一写

　　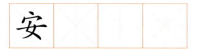

二、北京

北京是中华人民共和国的首都，也是政治、文化交流中心。

首都北京

中　祖　人　民　共　也　国　北　京

【练习】

1. 读一读

北京　人民　首都

北京是中华人民共和国的首都。

2. 填空

我们国家的首都是（　　）。　　　　　　　　　（北京）

3. 写一写

三、国旗

国旗是国家标志性旗帜，是国家的象征。它通过一定的式样、色彩和图案反映一个国家的政治、历史、文化传统。

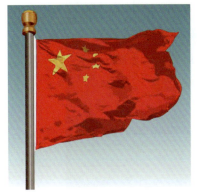
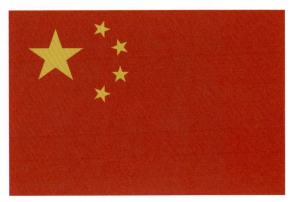

中华人民共和国国旗

彩图红旗

【练习】

1. 读一读

国旗　五星

五星红旗是中华人民共和国的国旗。

2. 填空

五星红旗是中华人民共和国的（　　　）。　　　　（国旗）

3. 写一写

| 彩 | | | | | 红 | | | |

四、爱国

爱国是一个公民最基本的道德，也是一个民族的传统美德。

爱国诗人屈原

德　公　诗

【练习】

1. 读一读

爱国　道德　利益　儒家

保护国旗是一种爱国行为。

人人应该爱国。

爱国是一种崇高的品质。

2. 填空

(　　) 行为。　　　　　　　　　　　　　　　　　(爱国)

人人应该(　　)。　　　　　　　　　　　　　　　(爱国)

(　　) 是一种崇高的品质。　　　　　　　　　　　(爱国)

3. 写一写

| 德 | | | | 诗 | | | |

五、天津

天津，简称"津"，是我国的直辖市，在北京的东南方。

天津风光

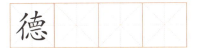

【练习】

1. 读一读

天津　南开　直辖　漕运

天津位于华北平原、海河五大支流汇流处。

海河是天津的母亲河。

2. 填空

南开大学是位于（　　）市的著名大学。　　　　　　（天津）

3. 写一写

| 津 | | | | 直 | | | |

六、上海

上海，简称"沪"，别称"申"，地处我国海岸线的正中间。

上海风光

海　江　沪　岸　申

【练习】

1. 读一读

上海　长江　海岸　沪　申

上海，中国第一大城市，又称"上海滩"，中国直辖市。

2. 填空

复旦大学是位于（　　）市的著名大学。　　　　　　（上海）

3. 写一写

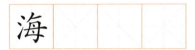

七、香港

香港是国际重要的金融、服务及航运中心，是继纽约、伦敦后的世界金融中心。

香港风光

香　港　金　购　物　航

【练习】

1. 读一读

香港　东方　购物　航运

香港是繁华的国际化大都市。1842年至1997年，香港是英国的殖民地；1997年7月1日，香港回归祖国，成为特别行政区。

2. 填空

（　　）有"东方之珠""购物天堂"等美誉。　　　　　（香港）

3. 写一写

八、澳门

澳门是我国的一个特别行政区。

澳门风光

澳　特　别　行　政

【练习】

1. 读一读

澳门　特别　行政区

澳门是亚洲较为发达、富裕的地区之一，也是世界上人口密度较大的地区之一。

2. 填空

(　　) 是一个自由港，也是世界四大赌城之一。　　　　　(澳门)

3. 写一写

澳　　　　　　　　别

九、台湾

台湾是中国神圣领土不可分割的一部分。

台北市

台湾神圣

【练习】

1. 读一读

台湾　阿里山　重归　枢纽

台湾是中国神圣领土不可分割的一部分。

2. 填空

(　　)岛与福建省隔海相望。　　　　　　　　（台湾）

3. 写一写

台　　　　　　　　　圣

十、钓鱼岛

钓鱼岛是位于中国东海钓鱼岛列岛的主岛，是中国固有领土。

中国钓鱼岛

钓　鱼　岛　领　土　固　有

【练习】

1. 读一读

钓鱼岛　领土　固有

钓鱼岛是中华人民共和国的领土。

2. 写一写

钓　　　　　　　鱼

第二课　人　民

一、人民

人民就是以劳动群众为主体的社会基本成员。

人民

社 会 成 员 群 众

第三单元　社会科学

【练习】

1. 读一读

人民　社会　成员　群众

群众是社会成员。

2. 填空

（　　）万岁　　　　　　　　　　　　　（人民）

为（　　）服务　　　　　　　　　　　　（人民）

3. 写一写

社　　　　　　　　　会

二、工人

工人是从事工业劳动生产的劳动者。

煤矿工人

建筑工人

工　煤　矿　建　筑

【练习】

1. 读一读

工人 煤矿 建筑

咱们工人有力量,每时每日工作忙。

2. 填空

清洁(　　)在打扫卫生。　　　　　　　　　　(工人)

3. 写一写

| 工 | | | | 　 | 矿 | | | |

三、农民

农民是从事农业生产的劳动者。

农民

农业生产

【练习】

1. 读一读

农民　农业　生产

我是农民的儿子，我深深地爱着祖国的土地。

2. 填空

（　　　）正在种庄稼。　　　　　　　　　　　　（农民）

3. 写一写

农　　　　　　　　　业

四、商人

商人是从事专业买卖或交易的人。生意人被广泛称为商人。

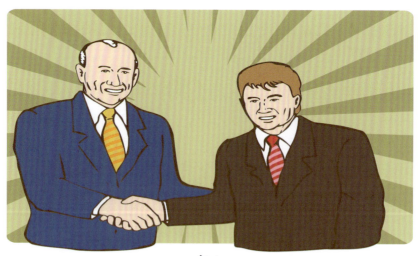

商人

商 买 卖 交 易

【练习】

1. 读一读

商人　买卖　交易

真正的商人是精明能干且宽厚仁慈的。

2. 填空

真正的（　　　）是精明能干且宽厚仁慈的。　　　　　（商人）

3. 写一写

商　　　　　　　　　买

五、学生

学生是在学校接受教育的人。

中学生

学　接　受　教　育

第三单元　社会科学

【练习】

1. 读一读

学生　接受　教育

书山有路勤为径,学海无涯苦作舟。

2. 填空

在学校接受教育的人是(　　)。　　　　　(学生)

3. 写一写

学　　　　　　　受

六、军人

军人是在国家军队中服役的人员。

中国军人

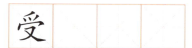

【练习】

1. 读一读

军队　服役

解放军是祖国最可爱的人。

2. 填空

(　　)是最可爱的人。　　　　　　　　　　　　（解放军）

3. 写一写

军　　　　　　　　　队

七、教师

教师是以教书为职业的人。

教师

教 书 育 人

【练习】

1. 读一读

教师　育人

教师是楷模。

2. 填空

(　　) 是人类灵魂的工程师。　　　　　　　　　　　(教师)

3. 写一写

教　　　　　　　　　　　　书

八、医生

医生是为患者看病的人。

医生

医　病　看

【练习】

1. 读一读

医生　看病　患者

医生是救死扶伤的人。

2. 填空

医生是（　　　　）的人。　　　　　　　　　（救死扶伤）

3. 写一写

医　　　　　　　　病

第三课　民　族

一、民族

我国是一个多民族国家，有56个民族。

第三单元　社会科学

我国的56个民族

族 藏 维 吾 尔

【练习】

1. 读一读

民族　藏族　维吾尔族

五十六族兄弟姐妹是一家。

2. 填空

中华（　　）。　　　　　　　　　　　　　　　（民族）

3. 写一写

族　　　　　　　　　吾

二、汉族

汉族是我国的主体民族。

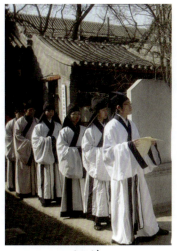

汉族

汉 族 主 体 古 老

【练习】

1. 读一读

汉族　主体

汉族是一个古老民族，通用汉语。

2. 填空

(　　) 是炎黄子孙。　　　　　　　　　　　　　　(汉族)

3. 写一写

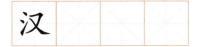

三、满族

满族，通用汉语，是我国的一个少数民族。

满族服饰

满 少 数

【练习】

1. 读一读

满族　女真　辛亥

满族旧称女真。

2. 填空

（　　）是我国的一个少数民族。　　　　　　　　　　（满族）

3. 写一写

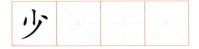

四、回族

回族是我国分布最广的少数民族，在居住较集中的地方建有清真寺，又称礼拜寺。

回族服饰

回 拜 寺

【练习】

1. 读一读

回族　礼拜寺　清真

回族人居住集中的地方建有清真寺。

2. 填空

（　　）是我国分布最广的少数民族。　　　　　　　　　　（回族）

3. 写一写

| 回 | | | 古 | | |

五、服饰

服饰是装饰人体的物品的总称，包括服装、鞋、帽、袜子、手套、围巾、领带、提包、阳伞、发饰等。

服饰

服 饰 装 伞 带

【练习】

1. 读一读

服饰　服装　阳伞　领带

服饰就是服装与饰品的总称。

2. 填空

（　　）是装饰人体的物品的总称。　　　　　　（服饰）

3. 写一写

服　　　　　　　饰

六、习俗

习俗指习惯和风俗，是一个地方或民族的传统风尚、礼节、习性。

中国传统节日习俗

习 俗 传 统 风 尚

【练习】

1. 读一读

风俗　传统　风尚

我们要入乡随俗。

2. 填空

（　　）就是风俗、习惯。　　　　　　　　　　（习俗）

3. 写一写

第四课　节　日

一、节日

节日是人们为适应生产和生活的需要，而共同创造的一种民俗文化。

节日烟花

节 日 烟 花 造

【练习】

1. 读一读

节日　烟花　创造

独在异乡为异客，每逢佳节倍思亲。

2. 填空

(　　)里放鞭炮。　　　　　　　　　　　　　　　(节日)

3. 写一写

烟			

花			

二、春节

春节，即农历新年，俗称"过年"，一般指除夕和正月初一。

春节

过 年 除 夕 月

【练习】

1. 读一读

春节　过年　农历　除夕　正月　新年

春节是中国的传统节日。

2. 填空

快快乐乐过（　　）！　　　　　　　　　　　（春节）

3. 写一写

过			

年			

三、元宵节

农历正月十五是元宵节,又称上元节、春灯节,是我国汉族的民俗传统节日。

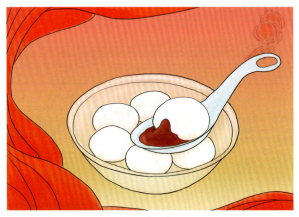

元宵节

元 宵 春 灯

【练习】

1. 读一读

元宵节　赏花灯　舞龙

元宵节要吃元宵、赏花灯。

2. 填空

（　　）节吃元宵。　　　　　　　　　　　　　（元宵）

3. 写一写

| 元 | | | |

| 宵 | | | |

四、清明节

清明节是我国民间的传统节日。

清明节扫墓

明　扫　墓　立

【练习】

1. 读一读

清明节　扫墓

清明时节雨纷纷，路上行人欲断魂。

借问酒家何处有？牧童遥指杏花村。

2. 填空

（　　）要扫墓。　　　　　　　　　　　　　　　（清明节）

3. 写一写

明　　　　　　　　扫

五、五一国际劳动节

国际劳动节全称"五一国际劳动节",是世界上80多个国家的全国性节日,是全世界劳动人民共同拥有的节日。

际 劳 动

【练习】

1. 读一读

五一国际劳动节

五一国际劳动节是全世界劳动人民共同的节日。

2. 填空

五月一日是(　　)节。　　　　　　　　　　　　(国际劳动)

3. 写一写

| 际 | | | |　　| 劳 | | | |

六、端午节

端午节为每年农历五月初五，又称端阳节、午日节、五月节等。端午节是我国汉族人民纪念屈原的传统节日。

端午节习俗包粽子、赛龙舟

端 屈 原 粽 子

【练习】

1. 读一读

端午节　屈原　粽子

端午节的习俗有包粽子、赛龙舟、戴香包、插蒲子艾叶、喝雄黄酒、祭五瘟使者等。

2. 填空

（　　）节吃粽子。　　　　　　　　　　　　（端午）

3. 写一写

端　　　　　　　　　屈

七、国庆节

国庆一词,本指国家喜庆之事。十月一日是我国的国庆日。

国庆节

庆 欢 度 喜 纪 念

【练习】

1. 读一读

国庆节　欢度　喜庆　纪念

举国上下庆国庆,遥想当年战鼓惊。全国人民齐庆祝,皆出儿女爱国情。

2. 填空

十月一日是(　　)节。　　　　　　　　　　（国庆）

3. 写一写

庆　　　　　　　　欢

第四单元 自我认知

第一课　认识五官

一、五官

五官泛指脸的各部位,尤其以双眉、双目、鼻、双颊和唇五个部位最为重要。

五官

官　眉毛

【练习】

1. 读一读

五官　眉毛

这孩子身材高大、五官端正。

2. 填空

我们脸上有（　　）。　　　　　　　　　　　　（五官）

3. 写一写

二、眼睛

眼睛是可以感知光线的器官。

眼睛

眼　睛　光　窗　看　到

【练习】

1. 读一读

眼睛　光线　看到

眼睛是心灵的窗户。

2. 填空

我们用（　　　）看祖国的山山水水。　　　　　　（眼睛）

3. 写一写

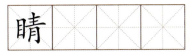

三、舌头

舌头是具有搅拌食物、协助吞咽、感受味觉和辅助发音等功能的器官，吃饭时可以品尝味道。

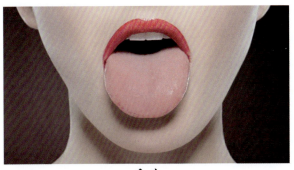

舌头

舌头 吃饭 品尝

【练习】

1. 读一读

舌头　吃饭　品尝

我们用舌头品尝美食。

2. 填空

我们用（　　）品尝美食。　　　　　　　　　　　　　　　　（舌头）

3. 写一写

四、嘴巴

嘴巴是吞咽、说话和喝水的重要器官之一。

嘴巴

嘴 巴 说 话 喝 水

【练习】

1. 读一读

嘴巴　说话　喝水

嘴的第一大功能当属吃饭，第二大功能就是说话了。

2. 填空

龇牙咧（　　）。　　　　　　　　　　　　　　　　　　　（嘴）

3. 写一写

嘴　　　　　　巴

五、鼻子

鼻子是最重要的呼吸器官，也有嗅觉功能。

鼻子

鼻 呼 吸 嗅 觉

【练习】

1. 读一读

鼻子　嗅觉　呼吸

鼻子是嗅觉器官。

2. 填空

我们用（　　　）闻花儿的香味。（鼻子）

第四单元　自我认知

3. 写一写

六、耳朵

耳朵是能够听到声音的器官。

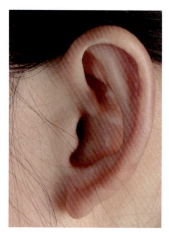

耳朵

耳朵能够听到

【练习】

1. 读一读

耳朵　能够　听到

你听过掩耳盗铃的故事吗？

2. 填空

面红（　　）赤。　　　　　　　　　　　　　　　　　　　　（耳）

3. 写一写

第二课　个人信息

一、姓名

姓名，由姓和名组成，也称名字。

姓　名　家　百

【练习】

1. 读一读

姓名　百家姓　名字

你叫什么名字？

2. 填空

中国人的（　　）是姓在前、名在后。　　　　　　　　　　　　　　（姓名）

3. 写一写

二、性别

性别，指雌雄两性的区别、男女两性的区别。

　　　　男　　　　　　　女

性 别 男 女 雌 雄

 【练习】

1. 读一读

性别　男女　雌雄

你是男，还是女？

2. 填空

小文的（　　）是女。　　　　　　　　　　　　　　　　　　　　（性别）

3. 写一写

男

女

三、年龄

年龄是指一个人从出生时起到计算时止的生存时间长度，通常用年岁来表示。

出　岁　时　间

【练习】

1. 读一读

年龄　出生　年岁　时间

你的年龄是多少？

2. 填空

我的（　　）是45岁。　　　　　　　　　　　　（年龄）

3. 写一写

出

岁

四、地址

地址，是内含国家、省份、城市或乡村、街道、门牌号码，以及屋村、大厦等建筑物名称，或再加楼层数目、房间编号等的一串字符。

地址

址 字 乡 村 牌 街

【练习】

1. 读一读

地址　字符　乡村　门牌

你家的通信地址是哪里？

2. 填空

我家的（　　　）是北京市房山区拱辰街道广阳西路2号。

（通信地址）

3. 写一写

五、爱好

爱好是指对某种事物具有浓厚兴趣并积极参与,如绘画、游泳、登山、读书。

爱好

好 游 泳 业 余

【练习】

1. 读一读

爱好　游泳　业余　喜欢

你的爱好是什么?

2. 填空

我的（　　）是游泳和看书。　　　　　　　　　　（爱好）

3. 写一写

| 游 | | | | 泳 | | | |

第三课　工作环境

一、招工

招工是指招收从事服务或劳动的新成员。

招　务　新

【练习】

1. 读一读

招工　服务　劳动　成员

企业招工了，2500个就业岗位送到家门口。

2. 填空

（　　）启事　　　　　　　　　　　　　（招工）

3. 写一写

二、工作

工作的概念是劳动生产，主要是指劳动。

工作时间

工 作 生 产

【练习】

1. 读一读

工作　生产

我们每天工作8小时。

2. 填空

我从事教师（　　）。　　　　　　　　　　　（工作）

3. 写一写

三、创新

创新是创造新的事物。

科技创新

创 新 科 技 思 维 更

【练习】

1. 读一读

创新　科技　思维　更新

创新是更新；创新是改变。

2. 填空

（　　）是更新。　　　　　　　　　　　　（创新）

（　　）是创造新的事物。　　　　　　　　（创新）

（　　）是改变。　　　　　　　　　　　　（创新）

3. 写一写

创　　　　　　新

四、单位

单位是上班的地方。

单 位 上 班

【练习】

1. 读一读

单位　机关　团队　企业

我们要成为全国教育系统的先进单位。

2. 填空

我们的工作（　　　）是学校。　　　　　　　　　　（单位）

3. 写一写

五、工作证

工作证是证明一个人在某单位工作的证件。

工作证

1. 读一读

工作证　证件

上班时，员工必须佩戴工作证。

2. 填空

员工只有佩戴（　　），才可以进入单位。　　　　（工作证）

3. 写一写

第四课　认识家人

一、爸爸

爸爸是对父亲的一种称呼，多用于口语，也称爸、爹、大等。

爸爸抱着儿子

爸　儿　父　亲　爹　口　语

【练习】

1. 读一读

爸爸　儿子　父亲　抱着　爹爹

爸爸抱着儿子。

2. 小知识

六月的第三个星期日是父亲节。

3. 写一写

二、妈妈

妈妈是对母亲的口语称呼，是天下最美的称呼。

妈妈和孩子

妈　母　孩　最

【练习】

1. 读一读

妈妈　母亲　最美　孩子

我的妈妈已经56岁了。

2. 填空

（　　）是孩子最好的老师。　　　　　　　　　　　（妈妈）

3. 写一写

三、爷爷

爷爷是爸爸的爸爸，有时也称呼年纪很大的男人为爷爷。

爷爷与孙子

爷孙称呼

【练习】

1. 读一读

爷爷　孙子　称呼

小明的爷爷85岁了。

2. 填空

小林的（　　）是农民。　　　　　　　　　　（爷爷）

3. 写一写

四、奶奶

奶奶是爸爸的妈妈，有时候也称年纪很大的女人为奶奶。

奶奶与孙子

奶　老　年　纪

【练习】

1. 读一读

奶奶　年纪　老人

龙龙的奶奶85岁了。

2. 填空

龙龙的（　　）很慈祥。　　　　　　　　　　　　　（奶奶）

3. 写一写

五、兄弟

兄弟是哥哥和弟弟的合称。

兄弟

兄　弟　哥

【练习】

1. 读一读

兄弟　哥哥　弟弟

兄弟就是哥哥和弟弟。

2. 填空

你有（　　）吗？　　　　　　　　　　　　　　（兄弟）

3. 写一写

六、姐妹

姐妹是姐姐和妹妹的合称。

姐妹

姐　妹

【练习】

1. 读一读

姐妹　姐姐　妹妹

你是我的姐妹。

2. 填空

你有（　　　）吗？　　　　　　　　　　　　　　（姐妹）

3. 写一写

第五单元 认识物品

第一课 认识洗漱用具

一、牙刷

牙刷是刷牙的工具。

牙刷

牙 刷 工 具

【练习】

1. 读一读

牙刷　工具

掌握正确刷牙方法，养成好习惯。

2. 填空

要学会用（　　）正确刷牙。　　　　　　　　　　　　（牙刷）

3. 写一写

二、肥皂

肥皂是用来洗手、洗脸、洗衣服的固体清洗剂。

肥皂

肥 皂 固 体 清 洗

【练习】

1. 读一读

肥皂　固体　清洗

我们用肥皂洗衣服。

2. 填空

你会手工制作（　　）吗？　　　　　　　　　　　　（肥皂）

3. 写一写

| 肥 | | | | 皂 | | | |

三、毛巾

毛巾是我们每天洗脸、洗手、洗澡后，用来擦干的纺织物。

毛巾

毛巾擦干纺织物

【练习】

1. 读一读

毛巾　擦干　纺织物

世界上第一条毛巾诞生于1850年的英国，距今已有近两百年的历史了。

2. 填空

我们擦脸用（　　）。　　　　　　　　　　　　　　（毛巾）

3. 写一写

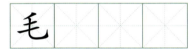

四、脸盆

脸盆是洗脸用的盆。

脸盆

脸 盆 洗

【练习】

1. 读一读

脸盆　洗脸

我用脸盆洗脸。

2. 填空

洗脸用（　　）。　　　　　　　　　　　　　　　　　（脸盆）

3. 写一写

| 脸 | | | | 洗 | | |

五、洗手液

洗手液是液体清洗剂。

洗手液

手　液

 【练习】

1. 读一读

洗手液　液体

洗手液可以杀菌消毒。

2. 填空

你用什么洗手呀？我用（　　）洗手。　　　　　（洗手液）

3. 写一写

| 手 | | | | | 液 | | | | |

第二课　认识厨具

一、刀

刀是用于切割食物的厨房必备工具。

刀

刀　厨　房　必　备

【练习】

1. 读一读

　　刀　厨房　必备

　　妈妈在用刀切菜。

2. 填空

妈妈做饭时，用（　　）切肉。　　　　　　　　　　（刀）

3. 写一写

刀　　　　　　　必

二、勺子

勺子是一种有柄的、可以舀取东西的器具。

勺子

勺　舀　器　具　柄

【练习】

1. 读一读

勺子　器具　有柄

我们用勺子喝汤。

2. 填空

我用（　　）喂小孩吃饭。　　　　　　　　　　（勺子）

3. 写一写

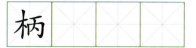

三、碗

碗是盛食物的器皿，多为陶瓷制品。

碗

碗　饮　食　皿

【练习】

1. 读一读

饭碗　饮食　器皿　碗橱

我们用碗盛装食物。

2. 填空

（　　　）是用来盛饭的。　　　　　　　　　　　　　　（饭碗）

3. 写一写

四、锅

锅是用来烹煮食物或烧水的器具。

锅

锅 烹 煮 烧 水

【练习】

1. 读一读

饭锅　烹煮　烧水

妈妈用饭锅煮饭。

2. 填空

炒菜，用铁（　　　）最好。　　　　　　　　　　（锅）

3. 写一写

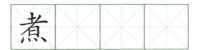

第三课　认识电器

一、手机

手机是可以握在手上的移动电话机。现代手机除接打电话外，还具有照相、上网等许多功能。

手机

电　移　打　接　握

【练习】

1. 读一读

手机　电话　移动　打电话　接电话

我用手机给妈妈打电话。

2. 填空

你会用（　　）打电话吗？　　　　　　　　　　（手机）

3. 写一写

二、电脑

计算机全称电子计算机，俗称"电脑"，可以帮助我们做好多事情。

电脑

脑　计　算　程　序

【练习】

1. 读一读

计算机　电脑　帮助　程序

我们在电脑上处理文件。

2. 填空

平板（　　　）　　　　　　　　　　　　（电脑）

3. 写一写

三、电视机

电视机是能够接收、传送和放映活动图像画面和声音信号的电子设备。

电视机

视　信　传　送　图　像

【练习】

1. 读一读

电视机　传送　图像　信号

我们用电视机看电视剧。

2. 填空

彩色（　　　）。　　　　　　　　　　　　　　（电视机）

3. 写一写

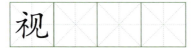

四、空调

空调是空气调节器，可以调节房屋内的温度。

挂式空调

空　调　房　屋

【练习】

1. 读一读

空调　房屋

夏天，我们用空调降温。

2. 填空

（　　　）即空气调节器。　　　　　　　　　　　（空调）

3. 写一写

五、冰箱

冰箱是用于保持恒定低温的一种设备，可以保存食品。

冰箱

冰　箱　设　备　低　温

【练习】

1. 读一读

冰箱　设备　低温

我家的冰箱里有很多食物。

2. 填空

我用（　　）冷冻饮料。　　　　　　　　（冰箱）

3. 写一写

冰　　　　　　　　　　　箱

六、洗衣机

洗衣机是用来洗衣物的电器。

洗衣机

衣　用　来　器

【练习】

1. 读一读

洗衣机　用来　电器

洗衣机可以洗涤脏衣服。

2. 填空

（　　）可以洗涤脏衣服。　　　　　　　　　（洗衣机）

3. 写一写

七、微波炉

微波炉就是用微波来煮饭，或加热、解冻食物的炉具。

微波炉

微 波 煮 饭

【练习】

1. 读一读

微波炉　煮饭　加热　解冻

用微波炉加热食物。

2. 填空

（　　　）就是用微波来煮饭，或加热、解冻食物的炉具。（微波炉）

3. 写一写

八、电风扇

电风扇是一种利用扇叶旋转，使空气加速流通的电器。

电风扇

扇　驱　旋　转　流　通

【练习】

1. 读一读

电风扇　驱动　旋转　流通

电风扇是使空气加速流通的家用电器。

2. 填空

夏天吹着（　　）很舒服。　　　　　　　　　　（电风扇）

3. 写一写

第四课　认识家具

一、床

床是我们躺在上面睡觉的家具。

床

床　睡　躺　觉

【练习】

1. 读一读

平板床　睡觉　躺在

我们在床上睡觉。

2. 填空

我们在（　　　）上睡觉。　　　　　　　　　　　（床）

3. 写一写

二、写字桌

写字桌是学习、写字时用的桌子。

写字桌

写　桌　学

【练习】

1. 读一读

写字桌　学习

我们在写字桌上学习。

2. 填空

学生在(　　　)上写字。　　　　　　　　　(写字桌)

3. 写一写

三、茶几

茶几是较矮的小桌子。

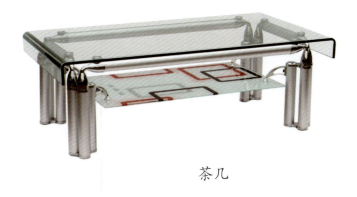

茶几

茶 几 较 矮

【练习】

1. 读一读

茶几　桌子　较矮

我家的茶几上放了很多东西。

2. 填空

我们在家里的（　　　）旁喝茶。　　　　　　　　　　（茶几）

3. 写一写

四、沙发

沙发是装有弹簧或厚垫的靠背椅，分布衣和皮质等种类。

沙发

沙 弹 簧 厚 垫 布

【练习】

1. 读一读

沙发　弹簧　厚垫　布衣

我家的沙发坐上去很舒服。

2. 填空

家里来了客人，我请他们坐在客厅的（　　　）上。　　　（沙发）

3. 写一写

| 沙 | | | | 弹 | | | |

五、餐桌

餐桌是供吃饭用的桌子。

餐桌

餐　桌　供

【练习】

1. 读一读

餐桌　吃饭

我家的餐桌上摆满了食物。

2. 填空

（　　）是专供吃饭用的桌子。　　　　　　　　　　（餐桌）

3. 写一写

第五课　认识文化用品

一、纸

纸是用于书写、绘画、印刷或包装等的片状制品，是我国古代"四大发明"之一。

纸

二、笔

笔是人类的一大发明，是供书写或绘画用的工具。

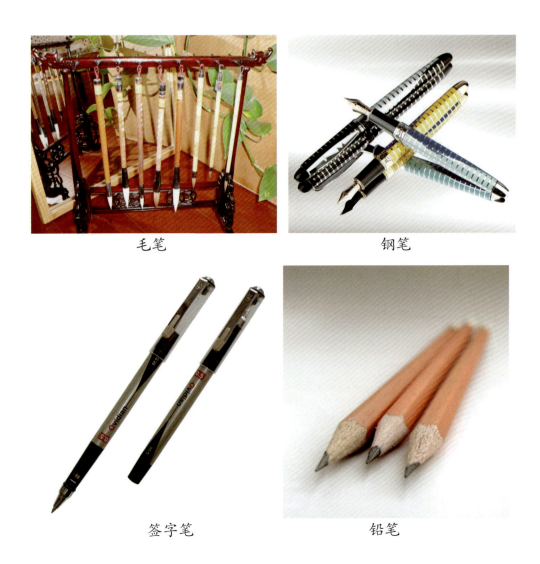

毛笔　　　　　　　　　钢笔

签字笔　　　　　　　　铅笔

三、书

  书是人类用来记录文明成就的主要工具，也是我们沟通感情、获得知识、传承经验的重要媒介。

书籍

四、笔记本

笔记本是用来记笔记的本子。

笔记本

纸 笔 书 本 铅 钢

【练习】

1. 读一读

绘画　印刷　包装　四大发明　毛笔　笔记本

纸是中国古代"四大发明"之一。

2. 填空

（　　）是专供吃饭用的桌子。　　　　　　　　　（餐桌）

3. 写一写

第六单元 与人交往

第一课　礼貌用语

一、你好、您好

"你好"是表达对别人尊敬的问候语，遇到认识的人或不认识的人都可以说。"你好"主要用在打招呼或请教别人问题的时候。

"您好"与"你好"意思相同，并更为礼貌尊重，一般用于与长辈、资历高的人打交道的时候。

敬　你　您　礼　貌　问　候

【练习】

1. 读一读

尊敬　你好　打招呼　您好　礼貌　问候

你好，可以和我做朋友吗？

你好，很高兴认识你！

你好，我们聊些什么呢？

您好，请问有什么可以帮到您呢？

2. 填空

（　　），请问步行街怎么走？　　　　　　（你好）

（　　），欢迎光临！　　　　　　　　　　（您好）

3. 写一写

二、请

（1）求　请求、请示、请假、请教。

（2）敬辞　用于希望对方做某事，如请进、请坐。

（3）邀约　请客、邀请。

请 求 临

【练习】

1. 读一读

请　光临

请问这个字怎么念?

请问,你对他真正了解吗?

我过生日时,妈妈在家中请客。

2. 填空

我想(　　)您一件事。　　　　　　　　　　(请教)

(　　)单位给予帮助。　　　　　　　　　　(请求)

今天我来(　　)吃饭。　　　　　　　　　　(请客)

3. 写一写

请　　　　　　　光

三、谢谢

谢谢是感谢的表示，是一种发自内心用言语表达的谢意，常用于受到别人帮助、得到别人宽容等场合。

非 谢

【练习】

1. 读一读

谢谢

谢谢你送给我的玩具，我真的很喜欢呢！

感谢老师对我的栽培。

感谢亲人的大力支持。

感谢同学的帮助。

2. 填空

（　　）你帮了我这么多。　　　　　　　　　　　　　（谢谢）

（　　）父母的养育之恩。　　　　　　　　　　　　　（感谢）

3. 写一写

四、欢迎

欢迎是高兴地迎接来访者。

欢迎

迎

【练习】

1. 读一读

欢迎

大家随时欢迎你回来。

2. 填空

他们（　　）旅行的人们归来。　　　　　　　　　　（欢迎）

3. 写一写

五、对不起、没关系

对不起是礼貌地表达歉意的用语。

没关系是回应别人的道歉时所说的礼貌用语，表示不介意。

对 不 起 没 系

【练习】

1. 读一读

对不起　谦虚　没关系

我不小心打到弟弟了。我马上对他说："对不起"。弟弟若无其事地说："没关系"。

2. 填空

（1）（　　），小欢，我没有想到事情会是这样的。　　（对不起）

（2）当别人不小心踩到你，你应该摆摆手，说声（　　）。（没关系）

3. 写一写

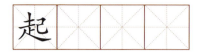 

六、抱歉

抱歉是心中不安，觉得对不住别人，如因事失约，深感抱歉。

抱歉

抱 歉 希

【练习】

1. 读一读

抱歉　歉意

因为我的失误影响了比赛成绩，对此，我深感抱歉。

我为我的无知对你造成的伤害深感抱歉，希望你能原谅。

2. 填空

昨天我酒喝多了，说了一些不礼貌的话，对此，我深感（　　　）。

3. 写一写

| 抱 | | | | | 意 | | | | |

七、请您原谅

"请您原谅"是表达歉意的语句。

碎 谅

【练习】

1. 读一读

请　您　原　谅

我不小心打碎了杯子，下次我会注意的，请您原谅！

2. 填空

老师，(　　　)我的鲁莽，语气太重顶撞了您。　　　（请您原谅）

3. 写一写

八、再见

再见是分别时使用的礼貌用语。

再见

离 再 见

【练习】

1. 读一读

分别　再见　离别

再见了，亲爱的母校！

外国朋友对我说"bye-bye"（拜拜），我对他们说"再见"。

2. 填空

我的好朋友，（　　　），我会记住你的，（　　　）！　　（再见、再见）

3. 写一写

九、早上好

早上好是早上见面时说的礼貌用语，用于问候。早上上班看见认识的人，可以说"早上好"。

早上好

【练习】

1. 读一读

早上好

"早上好,妈妈,今天的早饭真香啊!"我说。

2. 填空

"各位游客,(　　)!"导游笑眯眯地说。　　　　　　（早上好）

3. 写一写

十、晚上好

晚上好是晚上见面时说的日常用语,用于问候。太阳落山后看见认识的人可以说"晚上好"。

晚上好

常　落

【练习】

1. 读一读

日常用语　晚上好　日落

"各位家长晚上好！"数学老师程红说。

2. 填空

吃过晚饭，妈妈带着我去散步。走在公园里，碰见王叔叔，我对王叔叔说："叔叔，（　　　）！"　　　　　　　　　　（晚上好）

3. 写一写

十一、帮忙

帮忙是帮助别人做事或解决困难。

帮 忙 解 决 困 难

【练习】

1. 读一读

困难　解决　帮忙

有什么困难你告诉我，我会尽量帮你。

2. 填空

幸好有同事的（　　　），我的工作才开展得这么顺利。　　（帮忙）

3. 写一写

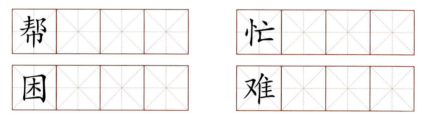

十二、辛苦了

"辛苦了"是对他人劳动表达感谢之情的礼貌用语。

辛 苦 了

【练习】

1. 读一读

辛苦了

辛苦了半年,终于又到了收获的季节。

2. 填空

教师节到了,我对班主任老师说:"老师您(　　　)!"(辛苦了)

3. 写一写

第二课　祝福语

一、新婚幸福

该语是对新婚夫妇表达祝贺的祝福语。

新婚幸福

幸　祝　福

【练习】

1. 读一读

新婚　幸福

衷心祝愿我的同事新婚幸福、百年好合!

2. 填空

朋友们,让我们共同举杯,祝新郎、新娘新婚(　　　),干杯!(幸福)

3. 写一写

二、恭喜发财

恭喜发财是祝贺他人发财富裕的祝福语。

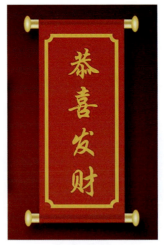

恭喜发财

贺　恭　财

【练习】

1. 读一读

祝贺　恭喜发财

新年时，大家见面，说句"恭喜发财"，人人都非常高兴！

2. 填空

过年了，小外孙一句"（　　　　）"，让姥姥、姥爷很高兴。

（恭喜发财）

3. 写一写

| 贺 | | | | | 财 | | | |

三、生意兴隆

我们见到做生意或刚开业的店时，通常会送上"生意兴隆"这样的祝福语。

生意兴隆

【练习】

1. 读一读

生意兴隆

小新看着一家家生意兴隆的酒店很是羡慕,梦想着什么时候也能开一家属于自己的酒店!

2. 填空

姐姐的店面刚开张,就(　　　　),顾客络绎不绝。　　(生意兴隆)

3. 写一写

四、生日快乐

生日快乐

快 乐

【练习】

1. 读一读

生日快乐

在这特别的日子,送上我的祝福,愿你心想事成、生日快乐!

2. 填空

祝我美丽、热情、健康自信、充满活力的大朋友——妈妈,(　　　　)!　　　　　　　　　　　　　　　(生日快乐)

3. 写一写

第三课　传统美德

一、三字经

《三字经》与《百家姓》《千字文》并称为三大国学启蒙读物。其内容包括了历史、天文、地理、道德,以及一些民间传说。

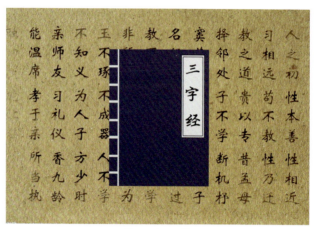

《三字经》

文 德 理

 【练习】

1. 读一读

传统　美德　三字经　历史　天文　地理

《三字经》属于传统文化，对于孩子的品德有一定的教育意义。

2. 填空

《（　　　　）》自宋朝以来，已有约七八百年的历史。　　　（三字经）

3. 写一写

文　　　　　　　　　　　地

二、尊老爱幼

尊老爱幼，指尊敬长辈、爱护晚辈，形容人的品德良好。

尊老爱幼是中华民族的传统美德,是现代中国人的基本修养。

尊老爱幼

幼 修 养

【练习】

1. 读一读

尊老爱幼 传统 美德 修养

尊老爱幼是我们中华民族的传统美德。作为年轻一代,我们要让老人感受到我们对他们的关爱。

2. 填空

(　　)能使家庭更加和睦。　　　　　　　　　　(尊老爱幼)

(　　)能体现出个人的品德。　　　　　　　　　(尊老爱幼)

3. 写一写

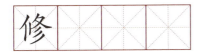

三、互助友爱

互助友爱是我们交友的基础,交友是结交认识他人的过程。

【练习】

1. 读一读

   交友　朋友

   人的一生总要有朋友。

2. 填空

   在社会上,我们要学会(　　)、学会沟通。　　　　(交友)

3. 写一写

四、包容

包容,有宽容大度之意。

包容是一种美德

包 容 美 宽

 【练习】

1. 读一读

包容　美德　宽容

包容是一种美德。

2. 填空

（　　）是一门学问；（　　）是一门艺术；（　　）是一种美德。

（包容、包容、包容）

3. 写一写

五、厚德

厚德是心胸宽广、不计个人得失、大公无私的品质。

上善若水 厚德载物

厚若水感激心胸

【练习】

1. 读一读

厚德　若水　感激　心胸

上善若水，厚德载物。

2. 填空

上善若水，（　　）载物。　　　　　　　　　　　（厚德）

3. 写一写

第七单元
生活与休闲

第一课 社区

一、医院

医院是我们看病的地方。医院里有医生和护士。

医院

病房

诊断

医 院 病 诊 断 士 护 望

【练习】

1. 读一读

医院　病房　诊断　生病　护士　看望

小新和小朋是一对好朋友。小新生病了,小朋把小新送进了医院,带他到医生那里诊断。

2. 填空

(　　　)以准确的(　　　)及高水平的(　　　),服务于广大患者。

(医院、诊断、护理)

3. 写一写

二、银行

银行的业务有存款、贷款、储蓄等。

中国工商银行

银 行 储 蓄

【练习】

1. 读一读

银行　储蓄

在银行正门前的车，被交警贴了"违章停车"的单子。

2. 填空

我们家楼下有中国建设（　　　）和中国工商（　　　）。

（银行、银行）

3. 写一写

三、商店

小型商店以经销食品和日用品为主，大型超市还经营化妆品、文具、五金、服装等商品。

小型商店　　　　　　　　　大型超市

售　货　便　店　卖　超　市

【练习】

1. 读一读

开放　售货　便利　商店　买卖　超市

我们的学习用品、生活用品等的购买，都离不开大大小小的商店和超市。

2. 填空

他在一家（　　　）的门口休息，看见了前面的中国银行。（商店）

3. 写一写

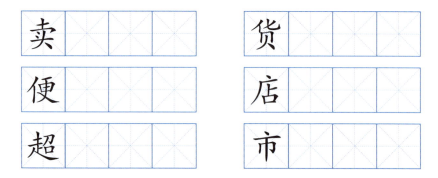

四、小区

城市住宅小区、居民小区一般简称小区，是指以住宅为主并配套有相应公用设施及非住宅房屋的居住区。

小区门口

住宅居小楼

【练习】

1. 读一读

住宅　居民　小区　门口　楼房

新友居民小区的设施齐全,有医院、银行、超市,业主生活十分便利。

2. 填空

我家在一个花园式的（　　　），环境优美、生活便利。　　（小区）

3. 写一写

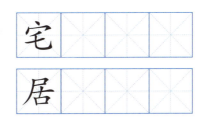

第七单元　生活与休闲

五、文化广场

文化广场是供市民休闲娱乐的公共空间与场所。

文化广场健身

文化广场

广 场 健 身

【练习】

1. 读一读

文化广场　健身

新城区的文化广场很有特色。

2. 填空

（　　　）是人们休闲健身的好去处。　　　　（文化广场）

3. 写一写

六、大剧院

大剧院是供演出戏剧、歌舞、曲艺等的场所。

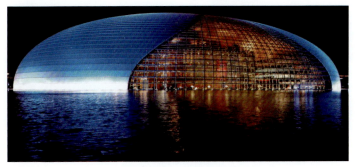

国家大剧院

大　剧

【练习】

1. 读一读

大剧院

中国国家大剧院位于人民大会堂西侧、西长安街路南。

2. 填空

国家（　　　）建筑屋面呈半椭圆形，整个建筑似漂浮于人造水面

之上,行人需从一条很长的水下通道进入演出大厅。　　　　（大剧院）

3. 写一写

七、绿地和花园

绿地和花园一般指城市内用来种植树木、草坪、花卉的区域。

绿地　　　　　　　　　　　　花园

绿　块　植　树　草　坪　丽　卉　园

【练习】

1. 读一读

绿地　种植　树木　草坪　花卉　花园

我家门前有一块绿地,一年四季都很美丽。

2. 填空

(　　)、(　　)给生活紧张的人们提供了放松的空间,为人们增添了无限的快乐!　　　　　　　　　　　（绿地、花园）

3. 写一写

种			

草			

花			

园			

第二课　无障碍设施、文体项目

一、无障碍设施

无障碍设施是指保障残疾人、老年人、孕妇、儿童等社会成员通行安全和生活便利的服务设施。

无障碍道路

无障碍电话亭

残疾人专用车辆临时停车位

无障碍楼梯

第七单元　生活与休闲

无障碍电梯

无障碍公交座椅

无障碍公交车

无障碍停车位

无障碍洗手间

无障碍扶手

银行无障碍通道

残 疾 孕 妇 童 无 障 碍 路 亭
停 车 梯 座 椅 扶

【练习】

1. 读一读

无障碍　道路　电话亭　停车位　楼梯　电梯　公交座椅　公交车
停车位　洗手间　扶手　银行

2. 写一写

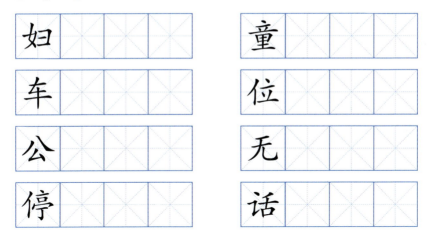

二、球类

1. 保龄球

保龄球又称地滚球，是在木板道上滚球击瓶的一种室内运动。

保龄球

打保龄球

2. 高尔夫球

高尔夫球运动是一种以棒击球入洞的球类运动。

打高尔夫球

3. 足球

足球运动是一场由两队对抗进行的比赛。每队上场球员不得多于11名，把球踢进对方的球门即为得分。

踢足球

4. 篮球

篮球运动是一个由两队参与，每队出场5名队员，将球投入对方篮筐中即算得分的球类运动。

篮球比赛

5. 台球

台球运动是使用球杆撞击白色的母球，使其在台球案上滚动并撞击其他球进入四个角洞的球类运动。

打台球

6. 排球

排球运动是比赛双方（每方6人）各占球场的一方，球员用手把球从网的上空打来打去的球类运动。

排球比赛

7. 乒乓球

乒乓球运动是指运动员各站球台一侧，用球拍击球，球须在台上反弹后过网，以落在对方台面上为有效的球类运动。

乒乓球

乒乓球比赛

8. 网球

网球运动是在两个单打球员或两对双打组合之间进行的球类运动。

打网球

9. 羽毛球

羽毛球运动是一项隔着球网、由两人或四人进行的球类运动。

羽毛球

打羽毛球

保 球 高 夫 足 篮
排 乒 乓 网 羽

【练习】

1. 读一读

运动　保龄球　高尔夫球　足球　篮球　台球　排球　乒乓球　网球　羽毛球

2. 写一写

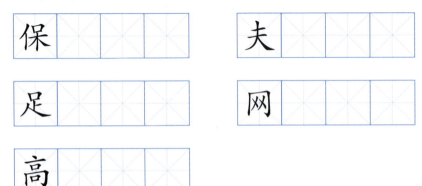

三、田赛

田赛是田径运动的一类,是在田径场规定的区域内进行的跳跃及投掷项目竞赛的统称。

1. 跳高

跳高是运动员征服高度的运动项目。

跳高

2. 跳远

跳远是田径运动跳跃项目,比赛时以跳的远度决定名次。

跳远

3. 铅球

铅球是田径运动的投掷项目之一，常练习可增强体质。

掷铅球

4. 铁饼

铁饼运动员在直径2.50米的圈内将饼掷出，铁饼必须落在34.92°的角度线内方为有效。

掷铁饼

5. 标枪

标枪运动员一手持枪，沿直线助跑后，利用全身的力量以最快的出手速度，由背后经肩上把标枪掷在圆心角为29°的扇形区内。

掷标枪

田 跳 跃 投 掷 肩 圈
饼 显 躯 标 枪 沿

【练习】

1. 读一读

田赛　跳高　跳远　铅球　铁饼　标枪　投掷

2. 写一写

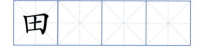　　

四、径赛

径赛是田径运动的一类，是在田径场的跑道或规定道路上进行跑和走的竞赛项目的统称。

1. 短跑

短跑，即短距离跑步。一般包括50米跑、100米跑、200米跑和400米跑等。

短跑

2. 长跑

长跑，即长距离跑步。一般包括5000米跑、10000米跑、马拉松（约42.195千米）等。

长跑

3. 接力赛跑

接力赛跑是田径运动的一类，为多人合作的径赛项目。同队选手之间以30厘米长的金属圆棒为传接工具。

接力赛跑

4. 百米栏

百米栏是跨栏跑的比赛项目之一。

百米栏

5. 竞走

竞走是从日常行走基础上发展出来的运动。规则规定两脚不能出现"腾空"的现象，与跑步不同。

竞走

| 径 | 短 | 力 | 跨 | 栏 | 走 | 项 |
| 竞 | 规 | 则 | 确 | 认 | 腾 | |

【练习】

1. 读一读

径赛　长跑　短跑　接力赛跑　运动　合作　跨栏跑　竞走

2. 写一写

第三课 旅 游

以休闲、娱乐、探亲访友或商务考察为目的，而进行的旅行活动统称为旅游。

一、桂林

桂林是世界著名的风景游览城市和历史文化名城，是广西壮族自治区重要的旅游城市，享有"山水甲天下"之美誉。

桂林山水

二、安徽黄山

黄山位于安徽省南部黄山市境内。

第七单元　生活与休闲

安徽黄山

三、长江三峡

长江三峡是万里长江一段山水壮丽的大峡谷,为我国十大风景名胜区之一。

长江三峡

四、承德避暑山庄

承德避暑山庄是中国古代帝王宫苑，是清代皇帝避暑和处理政务的场所，现在是人们旅游、度假的好去处。

承德避暑山庄

五、西安兵马俑

兵马俑是古代墓葬雕塑的一个类别，是制成战车、战马、士兵等形状的殉葬品。

西安兵马俑

六、杭州西湖

杭州西湖位于浙江省杭州市区的西部,以其秀丽的湖光山色和众多的名胜古迹闻名中外,被誉为"人间天堂"。

杭州西湖

七、北京故宫

故宫位于北京市中心,是明、清两代的皇宫,是无与伦比的古代建筑杰作,世界现存最大、最完整的木质结构的古建筑群。

北京故宫

八、人民大会堂

人民大会堂位于北京市中心天安门广场西侧、西长安街南侧，是举行政治、外交、文化活动的重要场所。

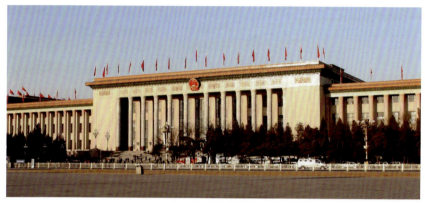

人民大会堂

九、鸟巢

鸟巢是2008年北京奥运会主体育场，形态如同孕育生命的"巢"。它更像一个摇篮，寄托着人类对未来的希望。

鸟巢（国家体育场）

十、水立方

水立方是国家游泳中心,位于北京奥林匹克公园内,是2008年北京奥运会的标志性建筑物之一。

水立方(国家游泳中心)

十一、十渡风景区

十渡风景区位于北京市房山区西南,有"北方小桂林"之美誉。

十渡风景区

十二、云居寺

云居寺位于北京西南房山区,是佛教经籍荟萃之地。寺内珍藏着石经、纸经、木版经,号称"三绝"。

云居寺

十三、红螺寺

红螺寺位于怀柔区城北5公里❶的红螺山南麓，是我国北方最大的佛教园林。

红螺寺

十四、雁栖湖

雁栖湖位于北京市怀柔区城北8公里处，是北京地区规模最大、项目最齐全的综合水上娱乐场所。

---

❶ 1公里=1千米。

雁栖湖

十五、慕田峪长城

慕田峪长城位于北京市怀柔区境内,是北京著名景点之一,是明朝万里长城的精华所在。

慕田峪长城

十六、密云水库

密云水库位于北京市密云区城北13公里处,处于燕山群山丘陵之中。水库库容40亿立方米,平均水深30米,是首都北京最大的饮用水源供应地。

密云水库

十七、司马台长城

司马台长城位于北京市密云区东北部的古北口镇,全长5.4公里,是唯一一段保留明长城原貌的古长城。

司马台长城

十八、十三陵

十三陵是位于北京西北约40公里处的一个著名的陵墓区,错落有致地分布着明代13位皇帝的陵墓,后人称为明十三陵。

十三陵

十九、居庸关长城

居庸关长城,位于昌平以北20公里的峡谷中,距北京市60公里,距八达岭长城20公里,是京北长城沿线上的著名古关城。

居庸关长城

二十、八达岭长城

八达岭长城位于北京市延庆区军都山关沟古道北口,史称"天下九塞"之一,作为"世界文化遗产",是万里长城的精华,在明长城中独具代表性。

八达岭长城

二十一、龙庆峡

龙庆峡风景区位于北京市延庆区城东北10公里的古城村西北方向的古城河口。龙庆峡古称"古城九曲",其水源于海坨山东麓,经玉都山汇入古城水库。

龙庆峡

二十二、潭柘寺

潭柘寺位于北京西部门头沟区东南部的潭柘山麓，素有"先有潭柘寺、后有北京城"的民谚。

潭柘寺

二十三、妙峰山

妙峰山风景名胜区位于京西门头沟区，面积20平方公里，景区以"古刹、奇松、怪石"而闻名。

妙峰山

二十四、金海湖

金海湖位于北京平谷区城东15公里处，是北京地区面积最大的综合水上娱乐场所。

金海湖

二十五、京东大峡谷

京东大峡谷旅游区位于北京平谷区东北10公里处，由大峡谷与井台山两大游览区组成。

京东大峡谷

旅 桂 览 史 享 誉 徽 黄 故 宫
堂 鸟 巢 峡 避 暑 庄 兵 马 俑

葬 雕 塑 殉 杭 州 胜 湖 渡 景
云 怀 柔 螺 雁 慕 峪 城 密 库
司 昌 陵 庸 延 岭 沟 潭 谷 峰

【练习】

1. 读一读

桂林　安徽黄山　北京故宫　长江三峡　承德避暑山庄　兵马俑　杭州西湖　房山十渡风景区　云居寺　怀柔红螺寺　慕田峪长城　雁栖湖　密云水库　司马台长城　昌平十三陵　居庸关长城　延庆　八达岭长城　龙庆峡　门头沟潭柘寺　妙峰山　平谷金海湖　京东大峡谷

2. 写一写

黄			
故			
鸟			
云			
司			
台			

林			
庄			
景			
怀			
谷			
水			

第八单元 农业知识

第一课 农作物

一、小麦

小麦是农作物的一种。麦子可以磨成面粉，面粉可以做成馒头、饼、面包。冬小麦每年秋季播种，翌年夏季收割。

绿色的小麦

金色的小麦

二、玉米

玉米是农作物的一种，含有丰富的营养成分，是广受大众喜爱的粗粮，春季播种，当年秋季收获。

生长的玉米

丰收的玉米

三、高粱

高粱的食用方法很多，可以做成粥，也可以做成高粱米饭。

高粱

熟 丰 收 粱 可 磨 面 粉 馒
米 麦 是 营 们 都 吃 粗 粮 播
当 法 很 多 粥 获 其 含 富

【练习】

1. 读一读

小麦　玉米　高粱　绿色　金色　成熟　丰收　生长　可以　面包

米饭　饼子　丰富　营养　春季　播种　收获

农作物有小麦、玉米、高粱等。

2. 填空

金色的（　　）成熟了，（　　）笑弯了腰。

春季（　　），秋季（　　）。　　　（小麦、高粱、播种、收获）

3. 写一写

| 金 | | | |

| 面 | | | |

第二课　果树和果实

一、苹果

红彤彤的苹果成熟了，小朋友来摘苹果。苹果营养丰富，有益健康。

树上结满了红彤彤的大苹果

小朋友来摘苹果

第八单元　农业知识

二、梨

洁白的梨花像雪片一样。梨不但好吃，还具有润肺、止咳的功效。

梨花盛开

梨满枝头

三、桃

桃花很美丽。桃是长寿的象征。

桃花朵朵

长寿桃

四、葡萄

葡萄可以酿酒，果熟期在每年的8月至10月，有白、红、褐、紫、黑等不同果色。我国已有2000多年栽培葡萄的历史。

葡萄

葡萄酒

五、樱桃

樱桃树每年春季开花，当年7月至8月成熟。樱桃好吃，树难栽。

樱桃果实累累

大红樱桃

六、柿子

柿子香甜美味，可以制成果脯、果酒。北京市房山区张坊镇的磨盘柿闻名于世。

柿子树

柿子

七、山楂

山楂可以制成冰糖葫芦、山楂糕等多种美味食品，还可以入药，有助于消化。

成熟的山楂

糖葫芦

苹 果 彤 来 摘 的 鸭 梨 枝 采
寿 桃 葡 萄 酒 盛 征 樱 柿 楂
脯 盘 栽 入 药 助

【练习】

1. 读一读

苹果　梨　桃　葡萄酒　红色　红彤彤　小朋友　樱桃　可以　果脯　香甜美味　山楂　入药　消化

红彤彤的苹果成熟了。

樱桃好吃，树难栽。

桃花盛开了。

2. 填空

红彤彤的（　　）；梨满（　　）；桃花（　　）。（苹果、枝头、盛开）

3. 写一写

第三课 蔬 菜

一、西红柿

西红柿是一种蔬菜。很多人爱吃西红柿。

西红柿熟了

鸡蛋炒西红柿

二、黄瓜

黄瓜可以制作成很多美味佳肴。

黄瓜开花了

肉片炒黄瓜

三、茄子

茄子是一种健康蔬菜，形状有圆形和长形。

紫色的圆茄子

紫色的长茄子

乳白色的茄子

四、豆角

豆角又名豇豆，富含蛋白质、胡萝卜素，营养价值高，是我国北方广泛栽培的大众蔬菜之一。

豆角

五、白菜

白菜是一种蔬菜,可以热炒、凉拌,还可以包饺子。

谚语:立冬不砍菜,必定要受害。

生长中的大白菜　　　　　　白菜

蔬　瓜　茄　紫　乳　豆　菜　饺

【练习】

1. 读一读

西红柿　黄瓜　茄子　豆角　紫色　乳白色

黄瓜可以制作成很多美味佳肴。

2. 填空

（　　）熟了,（　　）开花了。　　　　　　（西红柿、黄瓜）

3. 写一写

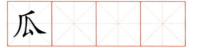

第四课　家　畜

一、猪

猪是人们饲养的主要家畜，头大、鼻较长、口吻长、眼睛小、体肥、肢短，肉可食用，皮可作工业原料。

可爱的小猪

猪宝宝吃奶

二、羊

羊是人们熟悉的家畜之一，以食草为主。其全身是宝，肉可食用，毛皮可制成多种毛织品和皮革制品。

山羊

绵羊

三、马

马头小、面部长、耳朵直立、四肢强健、善于奔跑，可供人骑，也可拉东西、耕地。

马

四、牛

牛的头上长角，身体壮而力大，肉和奶可供食用，还可以耕地，帮助人类生产。

牛

水牛

水牛在农田耕作

五、兔

小白兔,白又白,两只耳朵竖起来,爱吃萝卜爱吃菜,蹦蹦跳跳真可爱。

小白兔

畜 猪 宝 绵 羊 只 牛 耕 类 跑
白 又 竖 萝 卜 蹦 兔

【练习】

1. 读一读

猪 羊 马 牛 兔 小羊爱吃草 马儿跑得快 耕地 帮助 生产 耳朵

小白兔，白又白，两只耳朵竖起来，爱吃萝卜爱吃菜，蹦蹦跳跳真可爱。

2. 填空

（   ）爱吃草，（   ）跑得快。

牛可以（   ），帮助人类（   ）。

（   ），白又白，两只（   ）竖起来，爱吃（   ）爱吃菜，（   ）真可爱。

（小羊、马儿、耕地、生产、小白兔、耳朵、萝卜、蹦蹦跳跳）

3. 写一写

第五课　家　禽

一、鸡

鸡属常见家禽,头上长着肉冠,不能高飞。公鸡能报晓,母鸡能下蛋。

大公鸡

老母鸡

二、鸭

鸭子的嘴是扁的,腿很短,爪子趾间有蹼,善于游泳,不能高飞。

鸭子

三、鹅

鹅、鹅、鹅,曲项向天歌。白毛浮绿水,红掌拨清波。

大白鹅

禽 鸡 蛋 喔 嘎 叫 鸭 歌 浮 掌
拨 啼 鹅

【练习】

1. 读一读

鸡 鸭 鹅 大公鸡 喔喔啼 小鸭子 嘎嘎叫

大公鸡喔喔啼。

小鸭子嘎嘎叫。

2. 填空

(　　)喔喔啼,(　　)嘎嘎叫。

鹅、鹅、鹅,(　　)向天歌。白毛浮(　　),红掌拨(　　)。

(大公鸡、小鸭子、曲项、绿水、清波)

3. 写一写

鸡　　　　　　　鸭

第六课 宠 物

一、狗

狗是常见的宠物,善于看守门户,具有对主人忠贞不贰的品格,是人类的好朋友。

可爱的狗狗

二、猫

猫的面部圆,耳朵短小,眼睛大,四肢较短,行动非常敏捷,行走时无声,是一种可爱的动物,擅长捕捉老鼠。

可爱的猫咪　　　　　　猫捉老鼠

三、鱼

鱼儿是一种生活在水中的动物,离开水就会死亡。

鱼

四、鸟

鸟儿喜欢自由飞翔,可以帮助人类消灭害虫。

鸟

宠 狗 秧 由 飞 翔 灭 害 虫 捉 鼠 猫

【练习】

1. 读一读

狗　猫咪　朋友　老鼠　鱼　自由飞翔　消灭害虫

可爱的猫咪捉老鼠。

鸟儿在自由的飞翔。

鱼儿离不开水,瓜儿离不开秧。

2. 填空

狗是人类的(　　)。

猫捉(　　)。

(　　)在自由的飞翔,它们可以帮助人类消灭(　　)。

(好朋友、老鼠、鸟儿、害虫)

3. 写一写

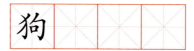 

第九单元 自然常识

第一课　认识自然与气象

一、自然

蓝蓝的天空中飘着朵朵白云。辽阔的大地上有河流、农田。

天空

大地

清晨的太阳很美丽。

弯弯的月亮挂在天上。

一闪一闪亮晶晶，满天都是小星星。

太阳　　　　　　　　　　月亮

星星

我见过一望无际的海洋。

黄河是中国第二大河。

海洋　　　　　　　　　　河流

我们家住在山脚下。

山川

二、气象

晴天的时候，太阳当空照。

多云是指天空中云层较多、阳光不是很充足的情形。

晴天

多云

阴天的时候，是看不到太阳的，天空的云也是黑的。

一般在春、夏、秋这三个季节里下雨。下雨时，人们撑开五颜六色的伞，急匆匆地往家赶。

阴天

雨

寒冷的冬天，有时会下雪。

在天气比较潮湿的时候，有时会形成雾。在雾天里，看什么都朦朦胧胧的。

雪　　　　　　　　　　　　　雾

今天，天空中降下来如鸡蛋大小的冰雹。

气温低到零度以下，水会结成冰。冰是水的固体状态。

冰雹　　　　　　　　　　　　冰

今天刮起了六七级的大风，有些树枝都被折断了。

雷电是伴有闪电和雷鸣的一种雄伟壮观，又是有点令人生畏的自然现象。

风

雷电

阳 亮 洋 河 川 晴 阴 雨 雪 雾
雹 闪 雷 畏

【练习】

1. 读一读

天空　大地　太阳　月亮　星星　海洋　河流　山川　晴天　多云　阴天　雨雪　冰雹　固体　雷电

雷电是伴有闪电和雷鸣的一种雄伟壮观，又是有点令人生畏的自然现象。

2. 填空

（　）天的时候，太阳当空照。　　　　　　　　　　（晴）

3. 写一写

第九单元　自然常识

第二课　认识矿产

如今的人们，经常用金、银做首饰，如项链、耳环、戒指等。

金

银

在工业生产中，经常会用到铜和铁，如铜弯头、铁锅等。

铜

铁

人们也经常把水晶、玉石、钻石做成项链、耳环、戒指来佩戴。

水晶

玉石

钻石

戒 铜 晶 钻

【练习】

1. 读一读

金　银　铜　铁　水晶　玉石　钻石

如今的人们，经常用金、银做首饰来佩戴。

2. 填空

在工业生产中，经常会用到（　　　）和（　　　）。　　（铜、铁）

3. 写一写

第三课 认识颜色

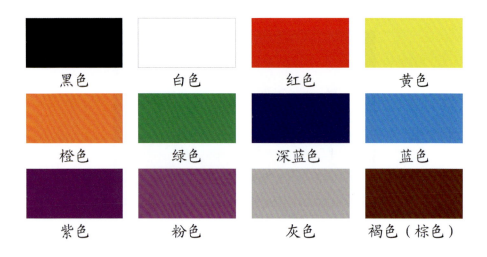

橙　蓝　灰　棕

 【练习】

1. 读一读

黑 白 红 黄 橙 绿 蓝 紫 粉 灰 棕（褐）

老师在黑板上用白色的粉笔写字。

2. 填空

树上长着碧（　　）的叶子。　　　　　　　　　　　　（绿）

3. 写一写

| 灰 | | | | | 棕 | | | | |

第四课　认识花草

一、梅花

梅花，寒冬时节开放，花瓣五片，有白、红、粉红等多种颜色。在中国古典文学及文化中，梅、兰、竹、菊合称"四君子"。

二、兰花

兰花，中国十大名花之一，有宜人的香气。由于兰花大部分品种原产于我国，因此兰花又称"中国兰"。

三、菊花

菊花，中国十大名花之一，被赋予了吉祥、长寿的含义。

四、牡丹

牡丹，我国特有的木本名贵花卉，是中国国花。牡丹有"国色天香""花中之王"的美称。

五、月季

月季，被称为"花中皇后"，又称"月月红"，为北京、天津等市的市花。

六、荷花

荷花，又名莲花，水生草本花卉，地下茎长而肥厚，有长节，叶盾圆形，其"出淤泥而不染"的品格为世人称颂。

七、朱顶红

朱顶红，叶厚有光泽，花色柔和艳丽，花朵硕大肥厚，为园林观赏植物。

八、玉兰花

玉兰花，北方早春重要的观花树木，先开花、后长叶，花期10天左右，是上海市市花。

九、旱金莲

旱金莲，属稀有野生植物，是一种重要的夏季观赏花卉。旱金莲的花可以入药。

十、百合花

百合花，主要应用价值在于观赏，其球茎含丰富淀粉，部分品种可作为蔬菜食用，具有清火、润肺、安神的功效。

十一、鸡冠花

鸡冠花，一年生草本植物，夏秋季开花，花多为红色，呈鸡冠状，故称鸡冠花。

十二、君子兰

君子兰，一种多年生草本植物，花期长达30~50天，以冬、春为主，元旦至春节前后也开放。

十三、牵牛花

牵牛花，生性强健，喜气候温和、光照充足、通风适度，为夏秋季常见的蔓性草花。

十四、迎春花

迎春花,枝条细长,呈拱形下垂生长,植株较高,可达5米,是一种常见的观赏花卉。

十五、狗尾巴草

狗尾巴草,一年生草本植物,适应性强,在我国分布广泛,具有一定的药用价值。

兰 梅 牡 丹 菊 荷 朱 顶 旱 莲 冠 君 牵 叶

【练习】

1. 读一读

兰花　梅花　菊花　牡丹　月季　荷花　朱顶红　玉兰花　旱金莲　百合花　鸡冠花　君子兰　牵牛花　迎春花

2. 填空

清丽脱俗的是(　　)花,月月常开的是(　　)花,有"花中之王"美称的是(　　)花。　　　　　　(荷、月季、牡丹)

3. 写一写

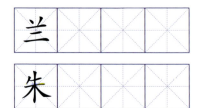
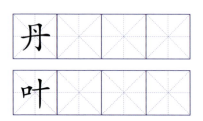

第十单元 生活常识

第一课　卫生健康常识

一、个人卫生

我们要常洗手、洗澡，勤晾晒被褥，注意个人卫生。

注意个人卫生

　　洗手　　　　　　　洗澡　　　　　　晾晒被褥

二、就医

生病了,我们要拿着社会保障卡(简称社保卡)到医院看病。就医(看病)的基本步骤:挂号–候诊–就诊–付费–取药。

社会保障卡

认识一些医院门牌。

三、用药安全

澡 晾 晒 被 褥 卡 步 输 肠 道
费 内

【练习】

1. 读一读

洗手　洗澡　晾晒　被子　褥子　社保卡　输液室　肠道门诊

住院收费处　内科诊室　中医门诊

我们在读正确用药七注意。

2. 填空

生病了，我们要拿着（　　）到医院看病。　　　　（社保卡）

3. 写一写

晾			
室			

卡			
内			

第二课　交通及安全

一、认识各种车辆

公交车是我们出行时常乘坐的交通工具。

出租车是交通不方便或我们有急事时常乘坐的交通工具。

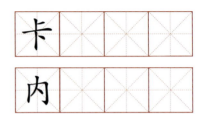

公共汽车（公交车）　　　　　　　　出租车

货车是运送各种货物的运输工具。

油罐车是运送汽油、柴油等油料的运输工具。

货车

油罐车

警车是警察为维护社会治安所乘坐的公务用车。
救护车是运送患者的专用车。

警车

救护车

消防车是灭火专用车。

消防车

第十单元　生活常识

二、乘车及安全

红灯停，绿灯行，遇到黄灯等一等。

信号灯（红绿灯）

公交站牌可告诉大家公交车的途经地点和行进方向。

公交卡是我们乘坐公交车的凭证。刷卡乘车可以不用现金买票，还可以享受票价优惠。

站牌　　　　　　　　　公交卡

我们过马路时要走人行横道（斑马线）。

人行横道（斑马线）

汽 租 罐 警 救 斑 横

【练习】

1. 读一读

公共汽车　出租车　货车　油罐车　警车　救护车　消防车　信号灯　斑马线　公交卡

我们要文明出行，遵守交通规则。

2. 填空

(　　)灯停，(　　)灯行，遇到黄灯等一等。　　　(红、绿)

3. 写一写

第三课　常用电话号码

当遇到火灾时，我们要及时拨打火警电话119，等待消防员救援。

当遇到有人生病、急需送到医院抢救时，我们要及时拨打急救电话120进行求救，等待救护车的到来。

当遭遇不法分子侵害时，请拨打匪警电话110及时求救，以保护人身、财产安全。

火警电话119

急救电话120

匪警电话110

火 灾 急 抢 侵 匪 及 全

【练习】

1. 读一读

着火　拨打　火警　电话　抢救　急救　安全

遇到火灾、匪徒和急病时，要及时拨打求救电话。

2. 填空

火警电话（　　　）　　　　　　　　　　　　　　（119）

匪警电话（　　　）　　　　　　　　　　　　　　（110）

急救电话（　　　）　　　　　　　　　　　　　　（120）

3. 写一写

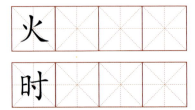
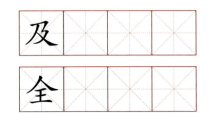

参考文献

［1］孙鹏.儿童生活适应教育训练丛书［M］.北京：蓝天出版社，2004.

［2］肖非.中度智力残疾儿童教学活动设计［M］.北京：蓝天出版社，2004.

［3］王惠生.扫盲教育中记忆能力的培养［J］.成人教育，1994（4）：28-29.